王钢侃成语

王 钢/著 皮痞祖/绘

风行水上

成语里的精彩生活

中国纺织出版社 国家一级出版社
全国百佳图书出版单位

内 容 提 要

本书以创新的方式和思维解读成语，让孩子对成语中的人和事产生共通的感情，让孩子有充分的带入感，加深对成语的理解。每个成语后面都附有成语的出处、解释和成语的使用，让孩子不仅在轻松快乐的氛围下学习成语，更能从中获取大量的成语知识。

图书在版编目（CIP）数据

风行水上：成语里的精彩生活 / 王钢著 . — 北京：中国纺织出版社，2018.7
（王钢侃成语）
ISBN 978-7-5180-4868-7

Ⅰ . ①风… Ⅱ . ①王… Ⅲ . ①汉语 – 成语 – 儿童读物
Ⅳ . ① H136.31-49

中国版本图书馆 CIP 数据核字（2018）第 066600 号

策划编辑：李 杨　　　责任印制：闫重莉

中国纺织出版社出版发行
地址：北京市朝阳区百子湾东里 A407 号楼　邮政编码：100124
销售电话：010—67004422　传真：010—87155801
http://www.c-textilep.com
E-mail: faxing@c-textilep.com
中国纺织出版社天猫旗舰店
官方微博 http://weibo.com/2119887771
北京顶佳世纪印刷有限公司印刷　各地新华书店经销
2018 年 7 月第 1 版第 1 次印刷
开本：710×1000　1/16　印张：5
字数：30 千字　定价：29.80 元

凡购本书，如有缺页、倒页、脱页，由本社图书营销中心调换

序言

我只是想，把鱼儿放回水里

中国小孩儿，对成语是熟悉的。

要抄写要听写，要填空要造句……作文写不好？那是因为你的词儿太少，来来来，抄好词好句，特别是要多积累成语！不知道哪个是成语哪个不是成语？好办啊，四个字儿的，一个也不要放过！

我的一个同学，就超级用功。他一有空，就吭哧吭哧地抄成语词典，再哇哩哇啦地背下来。我对他的精神十分佩服，但是要向他学习？我才不干。有那功夫，我宁可把一百单八将的名字和绰号默写下来，回味好汉们的种种英雄行为，摩拳擦掌，不亦乐乎？

中国的小孩儿，对成语又不是真的熟悉。

看拼音写词语？会写。把成语补充完整？会填。根据意思来选择适合的成语？也会选啊。

可是，到了说话写文，就剩抓耳挠腮、张口结舌了。

奇了怪了，那些下了好大功夫搬到练习册和测试卷上的成语，怎么就好像丢到了爪哇国？

你看，那位超级用功的同学，抱歉，我已经记不得他的名字了。但是有一条是肯定的，他的作文没我写得好。

这是为什么？

我常常觉得，每一个成语，就好像是一条鱼。

每一条鱼都有自己的模样，每一条鱼都有自己的气质。

我闭上眼睛，浮想联翩……

同样是好看，却各有各的好看。

"亭亭玉立"该是挺苗条的，可能是绿色的，淡淡的那种绿。她很安静，就算是笑一笑，也是悄然无声。你还没瞧仔细呢，忽然一转身，她就离开了，只留下一抹俏丽的背影。

"倾国倾城"就不一样了，她必须张扬，必须热烈，必须是让人目眩神迷，是那成千上万的士兵在特洛伊城下看到海伦，便觉得为这样的女子而进行十年的艰苦战争也心甘情愿。

同样是威武，却各有各的威武。

"一身是胆"，英气逼人，有"虽千万人，吾往矣"的豪迈。

"不入虎穴，焉得虎子"，则有清晰的思路，更有当机立断的勇气。

每一条鱼，都是生动的。

因为无论是在口耳相传的故事中，还是在脍炙人口的文学作品里，抑或是我们的谈笑风生之中，成语都是活的。

可是，当我们为了应付考试而去死记硬背时，这些成语就变了。

见过离开了水的鱼儿么？

童年的记忆，仿佛刻在石头上。

童年的阅读，是水火也难磨灭的。

我的第一本正儿八经的读物，应该就是一本连封面都残缺不全的《成语故事》。直到今天，那每一段文字、每一幅插画，细细回想仍历历在目。这本书在我的心里种下的，岂止是语文的种子？

读懂成语，也是在了解历史；了解历史，也是在认识人物；认识人物，也是在体味精神；体味精神，更是在传承文化……

我总是想啊，怎样把鱼儿放回水里？

孩子们啊，成语虽然古老，但依然鲜活；虽然严肃，却颇有趣味。

我不想重复"成语故事"。

我更不想假装解释成语。

我只是想帮助孩子们以最轻松的方式去重新感悟成语——在今天的语境中，品味经典的智慧，宛如尽情畅游在横无际涯的海洋。

王钢

2018 年 4 月

目录

一　得意忘形 //1

二　一劳永逸 //4

三　多多益善 //6

四　万人空巷 //10

五　无出其右 //12

六　炯炯有神 //16

七　心有灵犀 //19

八　探囊取物 //22

九　金玉其外，败絮其中 //25

十　倾城倾国 //29

十一　不期而遇 //32

十二　风行水上 //35

十三　过眼云烟 //38

十四　骄兵必败 //42

十五　自以为是 //44

十六　八仙过海，各显神通 //47

十七　乐不思蜀 //50

十八　不费吹灰之力 //54

十九　美轮美奂 //56

二十　春风得意 //59

二十一　受宠若惊 //62

二十二　莞尔一笑 //66

得意忘形

今天，是一个不寻常的日子，因为今天……我准备鼓足勇气壮起胆，来为亲爱的你献歌一曲！此处应该有掌声……当然，加斯顿小学的孩子可能会选择捂耳朵，因为他们对王钢校长的歌声是有所领教的。三、二、一，开始！"我有一只小毛驴我从来也不骑，有一天我心血来潮骑它去赶集。我手里拿着小皮鞭我心里正得意，淅沥沥沥哗啦啦啦我摔了一身泥！淅沥沥沥哗啦啦啦我摔了一身泥！"

如果我的女儿在场，她一定会说："哼！让你得意忘形！"

得意忘形，这可是一个常用成语。在你小的时候，常有这样的时候，正玩儿得高兴呢，又是手舞足蹈，又是奔跑跳跃，一不留神，扑通，摔个屁股蹲儿还好，屁股上肉多，不疼，要是，哎哟，磕破了膝盖擦伤了手掌弄疼了鼻子，十有八九会痛哭一场。这时候，大人会怎么说？哭？有啥可哭的？还不是你自己淘气？这就叫得意忘形，乐极生悲。

风行水上
成语里的精彩生活

其实，这样的得意忘形还不算什么，只不过是张飞吃豆芽——小菜一碟。人生的路长着呢，像这样摔一跤，受点儿皮肉伤，没过两天就会忘了疼，连个疤也不会留下来，算得了什么挫折呢？

最可怕的得意忘形，那是要摔大跟头的。

说到这儿啊，咱们可以了解一下淝水之战。公元三八三年八月，苻坚亲率步兵六十万、骑兵二十七万、羽

林郎（禁卫军）三万，共九十万大军从长安南下，同时，苻坚又命水师七万从巴蜀顺流东下，向建康进军。近百万行军队伍"前后千里，旗鼓相望。东西万里，水陆齐进"。苻坚骄狂地宣称："以吾之众旅，投鞭于江，足断其流。"也就是说啊，自己的兵力太强大了，把鞭子丢到长江里，就可以令长江断流。结果呢？东晋派出八万精兵，主动出击，竟然一举击败了敌人！

看，得意忘形，竟然会导致百万大军的溃败，甚至改变了一个国家的历史。

【成语溯源】

《晋书·阮籍传》："嗜酒能啸，善弹琴。当其得意，忽忘形骸。"

【成语释义】

形：形态。形容高兴得失去了常态。

【举一反三】

近义词：忘乎所以；自鸣得意；得意扬扬
反义词：怅然若失；心灰意冷

二

　　想想看，如果辛苦一次，就能够高枕无忧，这绝对是美好的生活。打个比方，吃一次饭，一辈子都不用再端饭碗了，自然也不用再买菜洗菜切菜炒菜，也不用刷碗刷锅擦灶台了；洗一次澡，一辈子都不用再洗澡了，每天都干干净净清清爽爽轻轻松松。你会笑啊，这不是痴心妄想吗？

　　古今中外，这种痴心妄想的事儿，多了去了。最著名的，可能是"永动机"的发明。

　　什么叫永动机？简单来说，就是不需要什么能量，只要打开了就不会停下来，能够给人类不知疲倦地一直一直一直服务下去。这个想法太吸引人了！你想，如果真有这么一部永动机，还需要电吗？需要石油吗？需要天然气吗？因此，不少人都为这个梦想付出了努力，如大名鼎鼎的达·芬奇，没错儿，他是画家，也是科学家！不过最终他

承认这个梦想不可能实现。

也有人呢,利用永动机来骗钱。

1714年,德国人奥尔菲留斯声称发明了一部名为"自动轮"的永动机,这部机器每分钟旋转六十转,并能够将十六千克的物体提到相当的高度。消息传出,举国沸腾。公元1717年,一位州长在验看了安放自动轮的房间后,派军队把守这座房屋,四十天后,自动轮仍在转动,他便给奥尔菲留斯颁发了鉴定证书。奥尔菲留斯发了大财,俄国沙皇甚至与他达成价值十万卢布的购买协议。最终由奥尔菲留斯的女仆说出了真相,原来自动轮是依靠隐藏在房间夹壁墙中的女仆牵动缆绳运转的!

看吧,没有什么可以一劳永逸。人生在世,就需要不懈努力!

【成语溯源】

东汉·班固《封燕然山铭》:"兹可谓一劳而久逸,暂费而永宁也。"

【成语释义】

逸:安逸。辛苦一次,把事情办好,以后就可以不再费力了。

【举一反三】

近义词:一了百了;一了百当
反义词:劳而无功;徒劳无功;事倍功半

三

说起古往今来的名将，韩信一定榜上有名。他虽然年轻时混得很不怎么样，甚至有过胯下之辱——也就是说，从一个屠夫的胯下钻了过去……但是，人家是真有本领，用汉高祖刘邦的话来说："战必胜，攻必取，吾不如韩信。"要不，他怎么会和张良、萧何并称为汉初三杰？

不过，可惜的是啊，这位大将军，下场却很可悲。不仅被解除兵权、贬为淮阴侯，之后又被骗入宫中，惨遭杀害，甚至株连三族。

哎哟喂，奇了怪了！这是为什么？

也许，这样一个小故事，可以说明一点点问题。

有这么一回，刘邦问道："像我，能统帅多少士兵？"韩信这人很老实，没拍马屁："陛下您只不过能统帅十万人。"刘邦说："那对你来说，能统帅多少呢？"韩信有点儿得意了："我统帅的士兵越多越好。"刘邦笑道："统帅的士兵越多越好，那为什么你会被我所捉？"

韩信这才回过神来,呀,我怎么能说自己的能力要胜过皇上?这要是人家一翻脸,那自己还不是说掉脑袋就掉脑袋了?他赶紧擦擦汗,说:"陛下不能统帅士兵,但善于带领将领,这就是我之所以被陛下您所捉获的原因。再说了,您的胜利可不是人给的,是老天爷给的啊!"

看看,这韩信也真是个聪明人。他不仅懂军事,也懂心理,还有机智可以力挽狂澜。可是,言者无心,听者有意,更何况人们说伴君如伴虎!他这么一圆,算是马马虎虎交代过去了,可是刘邦未必不当回事啊!你想,留着一个比自己打仗还厉害,还说自己带兵那是"多多益善"的大将军,那江山能坐得安稳吗?这每一个皇帝,最怕的就是被人给夺了皇位。

所以,说话还真是要注点儿意,不要信口开河。

就像爸爸问你,说你要多少零花钱?你可不能喊"多多益善"!

就像妈妈说,这冰激凌可是要少吃。你可不能满不在乎地说"多多益善"!

倒是读书,是真的要多多益善。有个小故事不是说了吗?你捡了石头放在口袋里,第二天就会又高兴又后悔。高兴的,是石头变成了金子。后悔的呢,是怎么不多捡一些?读书,也是"多多益善"的事情。

【成语溯源】

西汉·司马迁《史记·淮阴侯列传》:"上问曰:'如我能将几何?'信曰:'陛下不过能将十万。'上曰:'于君何如?'曰:'臣多多而益善耳。'"

【成语释义】

益:更加。越多越好。

【举一反三】

近义词:贪多务得;贪得无厌
反义词:清心寡欲;不忮不求

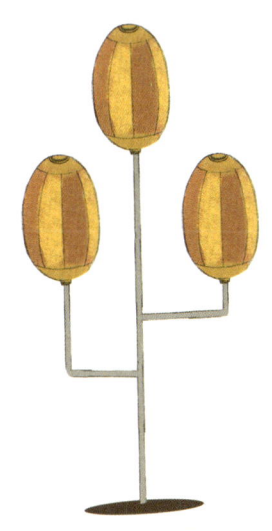

四

有个朋友在微信朋友圈里发消息说:"出来旅游,恰逢《中国好声音》第四季开播,一时间万人空巷,连海滩上都没有人了,大家都去看周杰伦了!"

这里她用到了"万人空巷"这个词,想形容电视很有吸引力,人们都回家看电视,外面没有人。这样的说法属于望文生义,用错了。这个成语是说成千上万的人拥向某处(参加盛典或看热闹),人人都从家里出来了,使里巷、房屋空阔冷落,这样才对。

之所以会出现这样的错误,完全是因为以前没有电视机。成语产生的年代,大家看热闹只能出门。不像现在,可以在家里、在网上看热闹,也可以到外面看热闹。所以呢,有的学者就说,你看现在这个词儿大家都这么容易出错,不仅普通老百姓用错,就连很多报纸、电视上都会出现错误的用法,那说明"万人空巷"这个词儿就应该随着时代的发展,

将错就错，赋予它新的含义——表示街上空荡荡，家里满当当的意思。同时呢，因为它的本义是跟这个完全相反的，那我们就再造一个新词儿，表示大家都到街上去的意思。

你可能会觉得奇怪，成语嘛，错了就是错了，为什么又有人提议把错误的用法算作对的呢？其实啊，我们的语言就是这样在历史的长河中发展起来的。有的词语之所以会有本义和引申义，或者有好多个意思，有时候就是这么来的。

在没有发布新的规定之前，万人空巷可是形容人都从家里出来，来到一个地点参加盛典或看热闹。

【成语溯源】

宋·苏轼《八月十七复登望海楼》诗："赖有明朝看潮在，万人空巷斗新妆。"

【成语释义】

空巷：街道里弄里的人全部走空。指家家户户的人都从巷里出来了。多形容庆祝、欢迎等盛况。

【举一反三】

近义词：万头攒动
反义词：空无一人

五

作为文明古国、礼仪之邦,咱们中国是有很多规矩的。举个例子,左边和右边,哪个更尊贵?

有一次,汉高祖刘邦带兵前往代地镇压陈豨的反叛。

途经赵国,赵王张敖深恐刘邦怪罪于他,便下令做了许多美味佳肴,亲自端给刘邦吃。

谁知刘邦故意大摆皇帝的威风,岔开两腿坐着,开口就骂张敖招待不周。(插入广告:那时候的人可不舒服,必须跪着坐,屁股得放到脚后跟上,这样才算有礼貌。)赵国的宰相赵午等见刘邦如此寻衅,羞辱赵王,气愤异常。回宫后,他们竭力劝说赵王反叛刘邦,赵王执意不允,并把手指咬出血来,要大臣们不要再提。

大臣们见赵王不答应,便决定瞒着赵王去暗杀刘邦。谁知事情泄露,刘邦大怒,下令逮捕赵王及其近臣。

赵午等都自杀了,只有赵王和大臣贯高被捉去,并要把他俩押到长安。许多忠于赵王的旧臣都想护送赵王去长安。刘邦知道了,立即下令,如有人胆敢跟随就灭他三族。

田叔、孟舒等十几个臣子就剃掉头发,身穿红色衣服,伪装成赵王家奴,一起去了长安。

到了长安,刘邦亲自审讯贯高。贯高把赵王如何不肯谋反,还阻止臣子们谋反的经过详细地说了一遍。刘邦这才相信赵王确实没有谋反,但仍借口说赵王没有教育好臣子,把他降作宜平侯。

赵王向刘邦谢恩,并请刘邦宽恕随他而来的田叔、孟舒等大臣。刘邦一听,便召见了他们。通过谈话,刘邦认为他们才学过人,有勇有谋,忠心耿耿,品德高尚,他非常感慨,用了一个词来形容这些大臣,叫"无出其右"。

风行水上
成语里的精彩生活

现在明白了吗？为什么咱们贴春联时，正确的贴法是把上联贴在右边，把下联贴在左边？正是因为右为上，左为下。无出其右的意思，就是没有人有资格位于其右边，也就是没有人可以胜过的意思。

【成语溯源】

西汉·司马迁《史记·田叔列传》："上尽召见，与语，汉廷臣毋能出其右者。"

【成语释义】

出：超出；右：上，古代以右为尊。没有能超过他的。

【举一反三】

近义词：天下第一；独一无二；当世无双

反义词：无独有偶

六
炯炯有神

前一阵子,我应邀做一个电台节目的嘉宾。我说,好老师的特点之一,是见到孩子就两眼放光。那位主播立马就说:"我同意!因为我是一个好主播,见到嘉宾,眼睛就会炯炯有神!"

我当时就跟她说,估计这个"炯炯有神"你都用了快二十年吧?我小的时候,一写作文,很多同学都会用这个词儿:我的爸爸有一双炯炯有神的大眼睛,我的妈妈有一双炯炯有神的大眼睛,我的哥哥有一双炯炯有神的大眼睛,我的姐姐有一双炯炯有神的大眼睛,我的老师有一双炯炯有神的大眼睛……哦,我也写过,我写的是:我有一双炯炯有神的……小眼睛。

那么,"炯炯有神"究竟是什么意思呢?

炯啊,是火字旁,意思是明亮。而炯炯有神的意思,就是目光明亮,很有精神。

很有意思的一件事儿是，有人还在网上提问，问怎样才能让自己的眼睛炯炯有神。

有人就很热心地回答了，说你要照镜子啊，用各种各样的眼神来照镜子，选择自己认为最炯炯有神的那个，多加练习，就可以了！

哎哟喂，奇了怪了！我真的是要晕倒了……这，也能练？我只听说过梅兰芳大师为了练舞台上的眼神而看飞鸟、观游鱼……而对普通人来讲，这个"有神"怎么练得出来，我还是存疑的。

在我看来，眼睛是心灵的窗户。要想让这扇窗户明亮，首先是身心健康。试问，你天天觉都没睡够，眼皮儿都抬不起来，怎么会炯炯有神？还有啊，是心灵要纯净，通俗地讲，就是要做个好人。一个善良的人，眼睛自然就能透出阳光一样的温暖和明亮。快乐也很重要啊！一个满心负能量的人，眼睛也会失去光彩。对了，有一条基本礼仪也能够帮助你赢得对方的赞许，那就是和人家说话的时候万万不可以让眼神飘来飘去，一会儿看这儿，一会儿瞧那儿，就是不会好好地看着对方的眼睛，那样给人的印象，绝对不是炯炯有神！

好啦，写到这儿，我觉得很疲惫……我估计最近这一年内我都会避免说"炯炯有神"这个词儿，因为我这一会儿工夫就写了十五个！

你，会怎么用这个词造句呢？我爸爸一见到好吃的，眼睛就会炯炯有神……我妈妈一见到漂亮衣服，眼睛就会炯炯有神……我的爸爸妈妈一看到我的 100 分，眼睛就会炯炯有神！

实际上，人长大以后，眼睛就很少有"炯炯有神"的了。这一点，你的爸爸妈妈，会懂。

风行水上
成语里的精彩生活

我祝你的眼睛,永远炯炯有神。

【成语溯源】
晋·潘岳《秋兴赋》:"登春台之熙熙兮,珥金貂之炯炯。"

【成语释义】
炯炯:明亮的样子。形容人的眼睛明亮有神。

【举一反三】
近义词:目光炯炯;目光如炬
反义词:模糊不清

七

心有灵犀

说起《三国演义》，就不能不提火烧赤壁。而要说起火烧赤壁，那就不能不提到一句歇后语："周瑜打黄盖——一个愿打，一个愿挨"。

不要小看了这一顿打，正是因为这顿打，让曹操相信了黄盖的投降；也正是因为黄盖的诈降成功，使他的船队可以轻易靠近曹操的连环战船，火趁风势，把几十万大军烧得焦头烂额、哭爹喊娘！

那么，为什么会有这顿打呢？

书中是这么写的：却说周瑜夜坐帐中，忽见黄盖潜入中军来见周瑜。瑜问曰："公覆夜至，必有良谋见教？"盖曰："彼众我寡，不宜久持，何不用火攻之？"瑜曰："谁教公献此计？"盖曰："某出己意，非他人之所教也。"瑜曰："吾正欲如此，故留蔡中、蔡和诈降之人，以通消息；但恨无一人为我行诈降计耳。"盖曰："某愿行此计。"瑜曰："不受些苦，彼如何肯信？"盖曰："某受孙氏厚恩，虽肝脑

涂地,亦无怨悔。"瑜拜而谢之曰:"君若肯行此苦肉计,则江东之万幸也。"盖曰:"某死亦无怨。"

原来,这借诈降而火攻的计策,是黄盖想的,也是周瑜早有打算的,两个人这么一碰头,一拍即合!

这,就叫"心有灵犀"。

[20]

　　《山海经》中有记载，有一种犀牛长有三只角，一角长在头顶上，一角长在额头上，另一角长在鼻子上。其中顶角又叫通天犀，剖开可以看到里面有一条白线似的纹理贯通角的首尾，被看作灵异之物，故称"灵犀"。

　　心有灵犀，指双方心意相通。

　　看过《精灵鼠小弟》这部电影的观众，会对剧中那对可爱的爸爸妈妈印象深刻。他们俩非常相爱，以至一个人说上半句话，另一个人就会很自然地接上下半句话，那种默契啊，仿佛是同一个人。

　　心有灵犀，来自于彼此的信任和理解，是一种多么美好的境界。

【成语溯源】

唐·李商隐《无题》诗："身无彩凤双飞翼，心有灵犀一点通。"

【成语释义】

灵犀：传说犀牛角有白纹，感应灵异。比喻双方对彼此的心思都能心领神会。

【举一反三】

近义词：心心相印

造句：他们总是能想到一块儿去，也算得上是心有灵犀了。

八

　　说起三国来，就不能不提关云长。而说起关云长，颜值高、本领高是有口皆碑，而他的争强好胜和他的骄傲，也是公认的。所以有个歇后语，是"关公走麦城——骄兵必败"。

　　然而，这位将军也有谦虚的时候。

　　就在他委身于曹操手下，一出手就斩了袁绍的爱将颜良之后，曹操大呼："将军真神人也！"关羽怎么回答？"某何足道哉！吾弟张翼德于百万军中取上将之头，如探囊取物耳。"什么意思？他是说，他这点儿本事跟张飞相比简直是不值一提！

　　注意，在这里，关羽用了一个成语，叫"探囊取物"。

　　当然，咱们都知道，《三国演义》的作者是罗贯中。关羽在当时究竟说没说这句话，这是不得而知了。确切地来讲，是罗贯中让关羽说了这么一句话。

看,成为一个写作的人,是多牛的一件事儿——你想让故事怎么发展,故事就怎么发展,而你想让你笔下的人物怎么说话,他就怎么说话!

问题来了。

"探囊取物"这个成语,出自《新五代史·南唐世家·李煜》:"中国用吾为相,取江南如探囊中物尔。"说这句话的人呢,叫李谷,不是武将,而是文人,后来做了后周的宰相。他用"探囊取物"来打比方,说的不是取人头,而是取江南的各个国家。

实际上,人家李谷还真不是吹牛。据历史记载,他这个宰相干得还是不错的。

风行水上
成语里的精彩生活

你有没有发觉有什么不对？

三国在前，而五代十国在后，两个时期相差了七八百年！

也就是说啊，关羽说了七八百年之后李谷的台词……

这是穿越啊。

当然，这是因为罗贯中是又过了四百余年的元末明初人，他知道"探囊取物"不足为奇，而他写的这句"于百万军中取上将之头，如探囊取物耳"，比李谷本人讲的那句话可就有名多了。

这，就是文学的魅力。

【成语溯源】
《新五代史·南唐世家》："中国用吾为相，取江南如探囊中物尔。"

【成语释义】
囊：口袋；探囊：向袋里摸取。伸手到口袋里拿东西。比喻能够轻而易举地办成某件事情。

【举一反三】
近义词：轻而易举；手到擒来；十拿九稳
造句：这点儿小事儿，对我来说，如探囊取物。

九

金玉其外，
败絮其中

爱美之心，人皆有之。

所以，漂亮的东西往往会招人喜欢，漂亮的人物也引人注目。可是，漂亮的就一定是好的吗？

明朝时，刘伯温在杭州城里见到了一个卖柑子的小贩。哎哟，这柑子可是真漂亮，金灿灿、油汪汪。刘伯温想，此时早已过了柑子上市的季节，小贩能把柑子储藏到现在，确实很难得，便以比上市时高了很多倍的价钱买下了几个。没想到，他打开柑子，发现果肉就像破棉花一样，哪儿还能吃？他责问小贩，小贩却一点儿也不慌张："当今世上骗人的事儿到处都是，岂止是我一个？"

这就是"金玉其外，败絮其中"的由来。

显然，它所指的不只是这柑子。

有的人，看上去光鲜亮丽，可是一开口就粗俗不堪，是不是"金

风行水上
成语里的精彩生活

玉其外，败絮其中"？

有的人，也读了书上了学，可是要论学问是贻笑大方，是不是"金玉其外，败絮其中"？

有的人，很有身份很有地位，却品质恶劣、行为不端，是不是"金玉其外，败絮其中"？

鸟的美，在于羽毛；人的美，在于心灵。

这不是一句空话。

在今天，用衣服打扮自己，用化妆品打扮自己，甚至借整容手术来让自己变得漂亮，都是轻而易举的事情。

可是，真正决定你是"金玉"还是"败絮"的，是灵魂。

而灵魂的美，不能靠外在的任何装饰，只能靠内在的修炼。

善良、高尚、优雅、快乐……这样的灵魂才是最美的。

1997年9月5日，一位修女去世了，享年八十七岁。印度政府为她举行了国葬，来自二十多个国家的四百多位政府要员参加了她的葬礼，其中包括三位女王和三位总统。她曾于1979年获得诺贝尔和平奖，被认为是诺贝尔奖百余年历史上最受尊崇的三位获奖者之一，另两位则是马丁·路德·金和爱因斯坦。

这位修女，终年与穷人、难民和垂死者在一起，有着一颗金子一样宝贵的心。

她，就是特蕾莎修女。

风行水上
成语里的精彩生活

【成语溯源】

明·刘基《卖柑者言》:"观其坐高堂,骑大马,醉醇醴而饫肥鲜者,孰不巍巍乎可畏,赫赫乎可象也?又何往而不金玉其外,败絮其中也哉?"

【成语释义】

金玉:比喻华美;败絮:烂棉花。外面像金镶玉,里面却是破棉絮。比喻外表很华美,而里面一团糟。

【举一反三】

近义词:华而不实

反义词:妍皮不裹痴骨

十 倾国倾城

有这样一首诗："北方有佳人，绝世而独立。一顾倾人城，再顾倾人国。宁不知倾城与倾国，佳人难再得。" 由此呢，还流传下来一个用来形容绝世容颜的成语——倾国倾城。这种表达方式，恰恰体现了中国语言的神奇之处。你看，我们不用形容这位佳人眼睛长什么样，鼻子长什么样，只要用一个并非直接描写外貌的词儿，就足以令人浮想联翩了。注意，这里的"倾"，最初是倾覆的意思，也就是这样的佳人美丽到了可以令国家灭亡的程度；后来呢，则是倾慕的意思，就是全国的人都会仰慕这样的美丽。

在咱们中国的历史上，有很多著名的美丽女子。像褒姒吧，自从进入周幽王的王宫之后，从来也不肯笑一下。周幽王呢，为了博得美人一笑，甚至不惜烽火戏诸侯，最后引火烧身，成了亡国之君。很有意思的是，在西方也有这样的故事。知道特洛伊木马吗？现在，特洛

风行水上
成语里的精彩生活

伊木马成了一个计算机病毒的名字，而在公元前十二世纪初，一场持续了十年的战争，是因为特洛伊木马而结束的。那么，那场战争是因何而起的呢？是因一个叫海伦的女子。她有多美呢？当海伦款款登上城头的塔楼时，将军和长老们惊呆了，目不转睛之下有人惊叹："这样的美丽，不愧是世界上最美丽的女神！为了她，**特洛伊**人与希腊人十年的刀枪相见、**尸横遍野**，值了。"海伦回眸一笑，特洛伊城头上的将士瞬间忘却了城下的千驾战车和万名虎视眈眈的希腊军士。

而希腊军队呢？经过了**长期战**争没有胜利，他们士气低落，萌生退意。此时，他们都惊叹**于她的美貌**，都决心要把这样美丽的女子带回希腊，于是士气大振，继续作战。

王钢侃成语

美丽，真的是一种力量啊。在这里，我想推荐大孩子——我是说十岁以上的孩子，读一读特蕾莎修女的传记。

她把一切都献给了穷人、病人、孤儿、孤独者、无家可归者和垂死临终者；她从十二岁起，直到八十七岁去世，从来不为自己，而只为受苦受难的人活着。

这种美丽，是内心的，是灵魂的，是超越了一切外在的。

【成语溯源】

东汉·班固《汉书·孝武李夫人传》："北方有佳人，绝世而独立。一顾倾人城，再顾倾人国。"

【成语释义】

倾：倾覆；城：国。原指因女色而亡国。后多形容妇女容貌极美。

【举一反三】

近义词：倾城倾国；国色天香；出水芙蓉
反义词：奇丑无比

十一

不期而遇

在一所大学的课堂上,教授宣布自己将从学生中挑选一位作为自己的助手。

学生们跃跃欲试,因为教授拥有极高的声望,能够成为他的助手自然是一种光荣。

不过,这位教授选拔助手的方式很特别。"我不举行考试。"他说,"在我下次到来时,哪位同学的桌面最为整洁,他就是我的助手。"

这个条件听上去简单极了!不就是收拾桌面吗?而且,只需要在教授到来时保持整洁就够了。大家立即行动起来。绝大多数人想,教授每周只来上一次课,而且基本上是在周三,那么每周只要整理一次桌面,而且是在周三之前,就足够了。

只有一位学生不这样想。

"如果教授明天就来呢?"他决定每天都要收拾一次桌面。

可是，没过两天，他又想到："如果教授随时都可能来到呢？"

对成为教授助手的渴望，使这位学生下定决心，保持随时收拾桌面的良好习惯。

后来的某一天，教授来到了教室，而那一位学生脱颖而出，赢得

风行水上
成语里的精彩生活

了担任助手的机会。

对于其他所有人来说，教授的到来，是"突然"，是"不期而遇"。

而对于这位随时准备着的学生来说，教授的到来，则是"果然"，是"意料之中"。

这个小故事，会给予我们什么样的启示？

任何人都无法预知未来。哦，我读过一本儿童小说——《蓝色彗星号》，讲述的是一个小男孩儿通过玩具火车穿越到从前的故事，非常精彩。在故事中，小男孩儿给从前的人们做了预言，即谁会成为美国总统，结果却被嗤之以鼻。那是小说。真实的生活中，你连下一秒会发生什么都难以预料。

所以，聪明的人，就得"时刻准备着"，准备欣然面对所有的"不期而遇"。

【成语溯源】
《谷梁传·隐公八年》："不期而会曰遇。"

【成语释义】
期：约定时间。没有约定而遇见。指意外碰见。

【举一反三】
近义词：不约而同；萍水相逢；不谋而合
反义词：失之交臂

十二

风行水上

想知道我的网名是什么吗？可以透露给你，我这个网名已经用了十二年，叫"风行水上"。十二年前，我偶然从一个人物访谈里看到了这四个字，讲的是一位大学者的为人处世。我立即被这个词儿迷住了。风行水上，自然成文。越品就越觉得有味道。多有画面感——风，轻轻地吹过水面，水面就漾起了一道道波纹，不一会儿，又恢复了平静。这让我想起了我最欣赏的词句之一："风乍起，吹皱一池春水。"太美妙了。

什么才是最高境界呢？不就是自然而然吗？

正如这样一段话："凡事皆有定期，万物皆有定时。生有时，死有时；栽种有时，拔出有时；杀戮有时，医治有时；拆毁有时，建造有时；哭有时，笑有时；哀恸有时，跳舞有时；抛掷石子有时，堆砌石子有时；怀抱有时，放弃有时；寻找有时，失落有时；保守有时，舍弃有时；

风行水上
成语里的精彩生活

撕裂有时，缝补有时；默默有时，言语有时；喜爱有时，恨恶有时；争战有时，和好有时，万事万物皆有其时。"

我最近刚刚读完了一本儿童文学名著，被称为惊悚又美丽的《不老泉》。在这本书里，有这么一家人，因为偶然喝了不老泉的水，就永远保持在了当时年龄的容貌，而且永远不死，连子弹穿过了心脏也不死。乍一听说这样的事情，也许百分之九十九点九九的人都会欣喜若狂："哇！太好了！刀枪不入！长生不老！"如果世界上真的有这样的泉水，恐怕整个地球都不会得到安宁！只为了哪怕一瓶水，就足以发动世界大战！

可是，奇怪的是，这家永远不老的人，却并不是那么快乐。

这个道理，也许要等到你长大，长到很大，有足够的经历和思想之后，才能真正理解。

我引用书里的一段话给你读吧，放在你的心里，就像一颗似懂非

懂的种子：

看这流水，你每天去看时它都一样在流动，可是其实它已经不一样了，昨天的水已经流走，你现在看见的是今天的水。生命就像一个大转轮，死亡也是这轮子上的一部分，紧接着的是新生。能享受生命的轮回是上帝的赐福。

我把自己的博客、微信公众号的名字，都定为"我只愿风行水上"。这是一种向往，我只愿，风行水上。

【成语溯源】
《周易·涣》："象曰：风行水上，涣。"

【成语释义】
比喻自然流畅，不矫揉造作。

【举一反三】
近义词：行云流水；浑然天成
反义词：矫揉造作

十三

过眼云烟

　　从前有位国王得到一块价值连城的钻石,打算把它做成一枚戒指,在里面塞进一张纸条,以便走投无路的时候,作为锦囊妙计。于是他征求大臣们的意见,希望得到一句最恰当的话。这一下,把学识渊博的大臣们难住了。众人冥思苦想,终无结果。这时一位老仆说:"我知道有这么一句话,先王曾邀请一位智者来王宫,他临走时送了我这句话。"说完,他在纸条上写了下来,折好交给国王,并请国王等到山穷水尽的时候再看。

　　想不到,这一天竟然很快来到了。国家遭到外族侵略,国王被敌人穷追不舍,逃上死路,尽头是万丈深渊,而身后敌人的马蹄声隐约可闻,在生死攸关的时刻,国王打开了纸条,只见上面写道:"一切都会过去。"

　　国王顿时平静下来。追兵似乎在森林里迷失了方向,马蹄声渐渐

Wang gang
王钢 侃 成语
Cheng yu

风行水上
成语里的精彩生活

减弱了。国王收起纸条，戴上戒指，重新集结起部队，经过苦战，收复了失地。凯旋那天，人们载歌载舞庆祝胜利，国王也深深感到自豪。这时，那位老仆又开口说道："现在您应该再打开那张纸条看看。"于是，国王摘下戒指，重读了一遍，"一切都会过去"，他豁然开朗。

如果说这个故事是虚构的，那么下面这件事儿却是真实的。

1954年世界杯，作为传统强队，很多人看好巴西，结果巴西队意外在半决赛败北。球员做好了回国后挨骂的思想准备，没想到，总统带着两万多球迷默默地在机场迎候他们，一条醒目的条幅映入眼帘："这会过去的"。全体球员都很受感动。四年后，巴西队不负众望，夺得

冠军奖杯，球员回国后，依然看到一条醒目的条幅，这次，上面写的是："这也会过去的"。

是的，一切都会过去。这句话是我本人时常想起的一句话，也时常送给身边的朋友。当人们遇到困难、感到难过的时候，这句话往往很有用；可当人们获得成功、得意扬扬的时候，就很难听进这句忠告了。

所以，我想要把这个成语送给我所有的朋友们——过眼云烟。

【成语溯源】

宋·苏轼《宝绘堂记》："见可喜者，虽时复蓄之，然为人取去，亦不复惜也。譬之烟云之过眼，百鸟之感耳，岂不欣然接之，然去而不复念也。"

【成语释义】

从眼前飘过的云烟。原比喻身外之物，不必重视。后比喻很快就消失的事物。

【举一反三】

近义词：过眼烟云；昙花一现

造句：尽道是用不尽的金银，享不完的福禄了，谁知是过眼云烟，容易消歇。

十四

骄兵必败

经常有很多小读者,哦,就是"小钢丝"会很好奇,说:"王钢老师,您现在是作家,是校长,那么,您小时候是什么样啊?"这个问题可真不好回答。我稍微一回忆,首先想到的就是我的老师给我的评语,最后一句话啊,肯定是"望戒骄戒躁,争取更大进步"。我就奇怪了,我没骄傲啊,老师怎么总是说要让我戒骄戒躁?直到今天,我才明白了老师的意思。一来呢,我的确常有得意扬扬翘起小尾巴的时候,老师的眼睛雪亮,看得清清楚楚。二来呢,骄傲使人落后,这句话是很有道理的,很多人啊,都输在了骄傲上。

骄兵必败,让人最容易想起的人物,就是关羽关云长。关羽厉害不厉害?那肯定厉害。不必说他诛颜良斩文丑,不必说他什么千里走单骑、过五关斩六将,单说他首次亮相于战场的温酒斩华雄,就帅呆了。那华雄也不是无名小辈,不大一会儿,就接连斩杀两位大将,让

王钢侃成语

十几路诸侯都吓了一大跳，一时议论纷纷，无人敢出马。而关羽呢，自告奋勇："我来，我要是斩不了华雄，就把我自个儿的脑袋割了。"曹操赶紧说："好啊，喝杯酒再去。"关羽一摆手，说："酒且斟下，某去便来。"书里怎么写的？"出帐提刀，飞身上马。众诸侯听得关外鼓声大振，喊声大举，如天摧地塌，岳撼山崩，众皆失惊。正欲探听，鸾铃响处，马到中军，云长提华雄之头，掷于地上。其酒尚温。"

可惜，这么厉害的关羽，最后的下场却很可悲。他看不起孙权，看不起吕蒙，更看不起陆逊，结果人家白衣渡江，夺了荆州，令他不得不率领残兵败将走了麦城，最后身首异处！

骄兵必败，至理名言。

【成语溯源】

东汉·班固《汉书·魏相传》："恃国家之大，矜民人之众，欲见威于敌者，谓之骄兵，兵骄者灭。"

【成语释义】

骄兵：恃强轻敌的军队。骄傲的军队必定打败仗。

【举一反三】

近义词：一败如水
反义词：哀兵必胜

十五

自 以 为 是

"自以为是"是一个很常用的词儿，几乎每个人都指责过别人自以为是，每个人也曾经被别人认为自以为是。这很正常，因为每个人都认为自己是对的，这是人类的共性。咱们中国的思想家荀子就这么说过："凡斗者必自以为是，而以人为非也。"

自以为是，人之常情，不能绝对地说有错。但是如果总是自以为是，听不进别人的意见，更不肯改正自己的错误，那可就是大麻烦了，那就叫"刚愎自用"，是"不撞南墙不回头"！

《三国演义》的一大特色，是战争场面很多，据说清军入关时，这《三国演义》是每位将领人手一册。为什么呢？拿这本小说当兵书，学着怎么打仗！而在这大大小小的数不清的战役中，最著名的有三大战役，第一个，是官渡之战。这也是中国历史上以少胜多的著名战例之一。

为什么说是以少胜多呢？袁绍，拥兵十万。曹操呢，只有不到两

王钢 侃 成语
Wang gang
Cheng yu

风行水上
成语里的精彩生活

万人马。

为什么能够以少胜多呢？曹操这边善于用人、士气高涨是一个原因，而最主要的原因则是来自于袁绍。这家伙，自以为是，谁的意见都听不进去。他手下的人才可不少，但是决定战争胜负的不是谁的主意多，而是谁的决策对，更准确地讲，是拍板下命令的那个人是不是一个虚心的聪明人。曹操与袁绍正好相反，曹操绝对是一位军事家，而且他非常善于听取幕僚的想法。哎，分出五千人的一支军队，奇袭袁军存放军粮的乌巢，一把火就改变了整个战局。

自我检讨，我也是一个自以为是的人。因此，吃了不少亏……

所以，当别人的话和我们自己的想法不一致的时候，得冷静一下——良药苦口利于病，忠言逆耳利于行。

【成语溯源】
《荀子·荣辱》："凡斗者必自以为是，而以人为非也。"
《孟子·尽心下》："众皆悦之，自以为是。"

【成语释义】
是：对。总以为自己是对的。形容主观，不虚心。

【举一反三】
近义词：一意孤行；执迷不悟；夜郎自大
反义词：妄自菲薄；自惭形秽；自暴自弃

十六

八仙过海，各显神通

说起中国的神仙，就不能不提"八仙"。要说我小时候，对八仙的崇拜那可是仅次于孙悟空的。为什么呢？因为八仙虽然地位不高，跟太上老君托塔李天王哪吒三太子根本没法比，可是流传的故事也不少，而且让老百姓感觉很亲切。

比如说张果老。这个白胡子老头儿最像神仙，而最有意思的是，他骑的不是仙风道骨的青牛，也不是八面威风的狮子，而是一头毛驴儿。还有，这老头儿骑驴也不好好骑，还得是脸朝后！据说，这头毛驴儿是用纸叠的，不骑的时候，就折起来放在背囊中；想骑了，喷上一口水转眼就变活。我小时候读到这个故事，就浮想联翩……当不了神仙也没关系，没有那一把白胡子也没什么遗憾，不过如果能有这么一头驴，那可就太方便了！对了，孙幼军先生的代表作《怪老头儿》里的那个怪老头儿，很像张果老，他兜里揣的啊，不是毛驴是房子，想住就住，

风行水上
成语里的精彩生活

想收就收!

来来来,点点名。

八仙,是哪八仙?汉钟离、张果老、吕洞宾、铁拐李、韩湘子、蓝采和、曹国舅与何仙姑。

他们过海的时候,又显示了什么样的神通?

这,我可就不多说了,你自己查查!

还有,你知道"蓬莱"吗?那是古代传说中的海上仙山之一。如果你有机会到那儿去旅行,就会看到与八仙过海有关的景点。

那么,这个成语和今天的我们又有什么关系?

也许你会造句:文艺汇演时,同学们吹拉弹唱,真是"八仙过海,各显神通"。

王钢 侃 成语

我想说的是,每个人都有自己的"神通",正如李白的诗中所云——天生我材必有用。当你相信了这一点,距离成功就不远了。

【成语溯源】
明·吴承恩《西游记》第八十一回:"正是八仙同过海,独自显神通。"

【成语释义】
八仙:道教传说中的八位神仙。比喻做事各有各的一套办法。也比喻各自拿出本领互相比赛。

【举一反三】
近义词:八仙过海,各显其能
造句:我如今与舍弟分开,这弟兄们是八仙过海,各显神通。我叫舍弟看看我的过法。

十七 乐不思蜀

古代的皇帝，天生就有世间最高的权力，没办法，人家命好，那真是想干吗就干吗，谁也干涉不了他。但要说历史上最昏庸的皇帝，刘禅似乎可以排到前几名。仔细想来，不能怪他。你想，打出生起，人家就没过过几天安稳日子。还记得一身是胆的赵子龙吧？长坂坡一战，赵子龙在百万军中七进七出，从此名扬天下。可是他怀里的那个小婴儿呢？跟他一样大的小宝贝，多半还在妈妈怀里吃奶，吃得高兴了，仰起脸来瞅着妈妈就是甜甜一笑。这个小婴儿呢？是在战场上！妈妈下落不明，这位叔叔骑马，跃马扬枪看着挺帅，可颠簸的滋味是真不好受。饿是肯定饿，尿尿了都得自己老老实实给捂干了！最可恶的是当爹的，好不容易见了面，接过这孩子，竟然大喝一声："险些误了我一员大将！"撒手就往地上摔！奇了怪了！这个当爹的难道是铁石心肠？也不怕把儿子摔个脑震荡后遗症？

Wang gang
王钢 侃 成语
Cheng yu

风行水上
成语里的精彩生活

你猜对了。这个可怜的小婴儿，就是刘禅，就是后来接了刘备的班儿当了蜀汉皇帝的刘后主。

所以说，童年实在是太重要了。人这一辈子，身体好不好，主要是看童年的根基；内心是否强大，也要看童年的安全感。童年如果是健康美好的，长大了也必然满眼阳光；童年如果是孤独痛苦的，长大了也走不出这阴影。

所以，我们真的应该感谢爸爸妈妈就在我们的身边，应该紧紧地抱抱他们，然后，啵儿，亲一口，告诉他们，谢谢你们的陪伴……

扯远了。还得说刘禅。

刘禅给我们留下来的成语，除了一个"扶不起的阿斗"以外——哦，补充一句，人家的小名叫阿斗——还有一个，是"乐不思蜀"。

当魏军大举进攻时，刘禅选择了投降，被带到洛阳，封为安乐公。当时魏国的掌权者司马昭很想试探一下刘禅究竟有没有复国报仇的打算，就让歌女们表演蜀地的舞蹈。跟随刘禅的大臣们痛哭流涕，而刘禅本人却眉开眼笑。司马昭就问他："你还想念蜀地吗？"刘禅高高兴兴地回答说："我在这儿太快活了，根本不想念蜀地！"

这，就是乐不思蜀的典故。后来，人们用这个词儿来形容在新的环境里非常快乐，流连忘返的心情。

不过，实际上，刘禅并不像《三国演义》里描写的那样昏庸无道。相反，他是大智若愚的。这个话题，在这儿就不展开讨论了。哦，什么叫"大智若愚"？咱们以后再说。

王钢侃成语

Wang gang Cheng yu

【成语溯源】

《三国志·蜀书·后主传》："问禅曰：'颇思蜀否？'禅曰：'此间乐，不思蜀。'"

【成语释义】

很快乐，不思念蜀国。比喻在新环境中得到乐趣，不再想回到原来的环境中去。

【举一反三】

近义词：乐不可支；乐而忘返
反义词：落叶归根；恋恋不舍

十八

不费吹灰之力

要想表达这件事儿对你来说很容易做到,你会怎样表达?太容易了?小意思?张飞吃豆芽——小菜一碟?易如反掌?轻而易举?今天再告诉你一个成语:不费吹灰之力。

要不,怎么会说中国的语言很形象呢?各位,你试试看,吹一口气,要用多大力气?不费吹灰之力,可不就是轻轻松松?

人生天地间,各自有禀赋。我相信每个人都有自己很擅长、做起来不费吹灰之力的事情。

就拿我们班的孩子来说吧。写一幅漂漂亮亮的毛笔字,王一宁同学可以说是不费吹灰之力;投篮命中率达到百分之九十,白世霖同学可以说是不费吹灰之力;解一道奥数题并给大家讲解思路,张闳熙同学可以说是不费吹灰之力……

你呢,也许会认为那些歌手唱首歌乃至飙个海豚音,似乎不费吹

王钢侃成语

灰之力；那些运动员拿个金牌乃至破个纪录，似乎不费吹灰之力；那些企业家获得过亿的财富，似乎不费吹灰之力；那些作家，哦，比如说我这个非著名的儿童文学作家，写上几本书似乎不费吹灰之力……

不，你的眼睛所看到的，只是表面，或者说，只是台前。

你看不到的，是所有人的努力。

不是有一篇文章，写的是骑牛比赛吗？那位冠军，在疯狂的牛背上坚持啊坚持。当小姑娘祝贺他的成功，问他"你为什么没从牛背上摔下来"，他的回答是："小姑娘，你不知道，我曾经从牛背上摔下来上千次！"

没有任何成功是不费吹灰之力的。

正如冰心的小诗所写的："成功的花／人们只惊羡她现时的明艳／然而当初她的芽儿／浸透了奋斗的泪泉／洒遍了牺牲的血雨。"

【成语溯源】
清·夏敬渠《野叟曝言》第四十五回："依小道愚意，等他到了辽东，有了收管，去摆布他，真不费吹灰之力。"

【成语释义】
形容事情做起来非常容易，不花一点儿力气。

【举一反三】
近义词：轻而易举；举手之劳；易如反掌
反义词：难于登天

十九

美轮美奂

那一天,我在西双版纳的植物园流连忘返。当天晚上,我就写下了我的感受,发在我的微信公众平台上。一位读者立即给我写评论:"王老师,您所写的这句话犯了用词不当的错,形容植物园的美,不应该用'美轮美奂'。"

我是脸红心跳啊。

堂堂的语文老师,也会犯这个错误。刚想回复,叮当一声,另一条留言蹦出来了:"王老师,您把'美轮美奂'写错了……"

这样的批评是非常宝贵的。因为我发现自己并不是第一次把"美轮美奂"写错。要么是写成了"美伦美奂",要么是写成了"美伦美焕"。

我想啊,"无与伦比"的"伦"就是单人旁啊,"焕然一新"的"焕"就是火字旁啊。"美伦美奂"是形容华丽、美好的,怎么会是"轮子"的"轮"?至于那个"奂",我还真的不认识。

王钢侃成语

所以说，读书做学问，最要警惕的就是犯"想当然"的错误。

我查了资料，才明白过来，为什么"美轮美奂"是"美轮美奂"。

原来，这个词儿出自《礼记》：晋献文子成室，晋大夫发焉。张老曰："美哉轮焉，美哉奂焉。歌于斯，哭于斯，聚国族于斯。"

风行水上
成语里的精彩生活

注意，这里的"轮"是盘旋屈曲而上的意思，引申为高大。"奂"呢，是众多、盛大的意思。"美哉轮焉，美哉奂焉"，就是在赞美这宫殿"多么高大，多么华美"。

所以说，"美轮美奂"原本并不是随便用的，而是特指建筑物雄伟壮观、富丽堂皇。我们可以说布达拉宫美轮美奂，也可以说罗浮宫美轮美奂。现在呢，这个词儿用的范围广泛多了，董卿就曾在春晚上这样评价一个舞蹈节目："真的是美轮美奂，充满了诗情画意啊！"

世界上不是缺少美，而是缺少发现美的眼睛。

你可曾为"美轮美奂"而眼前一亮？

也许在不久的将来，你也能够创造属于你的"美轮美奂"。

【成语溯源】

《礼记·檀弓下》："晋献文子成室，晋大夫发焉。张老曰：'美哉轮焉，美哉奂焉。'"

【成语释义】

轮：高大；奂：众多。形容房屋高大华丽，也形容装饰、布置等美好漂亮。

【举一反三】

反义词：破败不堪

造句：我们经过一个美轮美奂的宏丽建筑群的区域，司机告诉我们说这是本地富翁的住宅区域。

二十
春风得意

有的词儿啊，自带喜感。

就像"春风得意"——我春风得意地走在放学的路上。听听，眼前是不是浮现出了一个乐呵呵的形象？这家伙啊，不只是脸上带笑，而且走路也是连蹦带跳，时不时地还会一脚踢飞一个矿泉水瓶，然后赶上去再来一脚！

我的问题来了。

为什么是"春风得意"？为什么不是"秋风得意"？

有人说，简单啊！因为这个成语出自唐代诗人孟郊的《登科后》。当时啊，四十多岁的孟郊去参加科举考试，在两次落榜之后，终于登科。人逢喜事精神爽啊，一高兴，他就写了一首诗，其中有一句是："春风得意马蹄疾，一日看尽长安花。"显然，孟郊没写"秋风"！

没错儿。唐代的科举啊，是正月考试，二月放榜——"二月春风

风行水上
成语里的精彩生活

似剪刀"，这时的确已经是春天，虽然春寒料峭，但是孟郊心情大好，骑着马儿，那自然是春风入怀，好不欢畅！

人的心情啊，的确很容易受环境影响。

所以，我们才有了对春的向往："盼望着，盼望着，东风来了，春天的脚步近了……"

所以，才有那样愁苦的词句："寻寻觅觅，冷冷清清，凄凄惨惨戚戚……"

但是，也有很多人是不一样的，如范仲淹所言："不以物喜，不以己悲。"

我非常欣赏苏轼的这首诗：

荷尽已无擎雨盖，菊残犹有傲霜枝。

一年好景君须记，最是橙黄橘绿时。

王钢侃成语

在苏轼眼中，即使是在萧瑟的冬天，也仍蕴含着蓬勃的生机。这当然同他本人的经历和气度有关。苏轼是位大文豪，这自然毋庸置疑，你对他的诗文了解得越多，就会越感慨天纵英才。可是，他的一生中有不少颠沛流离的时刻，甚至曾下狱一百零三天，无异于在鬼门关前走了一遭。

然而，无论遭遇何种打击，苏轼依然保持着崇高的气节和豁达的态度。

这首诗，就是他本人精神的生动写照。

原来，伟大的人不只是"春风得意"，而是即使身陷囹圄也不忘初心。

【成语溯源】

唐·孟郊《登科后》："春风得意马蹄疾，一日看尽长安花。"

【成语释义】

得意：扬扬自得的样子。旧时形容考中进士后的兴奋心情。后形容职位升迁顺利。

【举一反三】

近义词：春风满面；眉飞色舞；趾高气扬
反义词：愁眉不展；愁眉苦脸；灰心丧气

二十一

受宠若惊

那天一早,我在我的微信公众平台"我只愿风行水上"上听到了一句留言。这是一个小女孩儿,她的声音啊,让我想起了沾着露水的玫瑰花瓣。她说,王钢叔叔,我特喜欢你,我们一家都特喜欢你,你啊,就是故事大王,而且是最帅的故事大王,尤其是穿白衬衣的时候!

听听,听听,这样的赞美,有几个能挺得住受得了啊?

想想,想想,一向低调的王钢老师听到这么甜的赞美,还不得浑身起鸡皮疙瘩,然后飘飘然要飞到白云里头去啊!

我就赶紧照镜子——哦,我上看下看左看右看,是觉得自己好像比昨天帅了那么一点点!

接下来呢,我又觉得很不好意思了……人贵有自知之明啊,更何况人外有人天外有天!我怎么敢说自己是最帅的故事大王?

这么一不好意思,我就赶紧给人家回复信息:亲爱的小女孩儿,

王钢 侃 成语

Wang gang Cheng yu

风行水上
成语里的精彩生活

谢谢你这么夸我,我感到幸福,受宠若惊。也祝你开心啊,祝你成为……最美丽的故事小王!

呶,我在这儿用了一个成语——受宠若惊。

什么意思呢?就是人家对我好,好得让我意外,让我高兴,甚至让我还有那么一点儿不安心——这……真的是在夸我吗?

来来来,造个句——

王小钢一进学校,校长就迎面走过来,伸出双手:"我亲爱的王小钢同学,你可算来了。来来来,去我办公室里喝杯果汁。"天啊,王小钢受宠若惊,差点儿晕倒!

苏小乖跟妈妈出门,遇到了妈妈的同事,那位阿姨说:"哎哟,你们家小乖是越来越漂亮了!"苏小乖受宠若惊,一个劲儿地往妈妈

的身后藏。

和受宠若惊相对的，是宠辱不惊。也就是无论受到怎样的对待，都不放在心上，淡定自若。那，可是一种超然的境界。

【成语溯源】

《老子》第十三章："宠辱若惊……得之若惊，失之若惊，是谓宠辱若惊。"

【成语释义】

宠：宠爱。因为得到宠爱或赏识而又高兴，又不安。

【举一反三】

近义词：大喜过望

反义词：麻木不仁

二十二 莞尔一笑

"莞尔一笑",是一个有魔力的词儿,让人一读就仿佛春风扑面,不禁嘴角上扬。我爱极了它,爱到总想用它,又舍不得用它。比如写到一个美丽的女子,就非得用这个词儿才能形容她笑得好看,笑得能在一瞬间令整个世界阳光明媚。而如果用来描述我自己的笑,我是没有这个勇气的——"王钢莞尔一笑",天哪,浑身的鸡皮疙瘩都要掉一地!

没错儿,在今天,这个表示"美好地微微笑一笑"的成语,多用于女性。

可是你知道吗?放在古代啊,却不是这么一回事儿。

"夫子莞尔而笑曰:'割鸡焉用牛刀!'"(《论语·阳货》)这是用于形容孔子他老人家的。

"渔父莞尔而笑,鼓枻而去。"(《楚辞·渔父》)渔父,那肯

王钢 侃 成语

定是打鱼的男人啦。

"铁拐先生说到这里，连自己也不觉莞尔一笑。"(《八仙全传》)哎哟，铁拐李？就是那个脸色黝黑、满头乱发、胡子拉碴的瘸腿神仙？他也可以"莞尔一笑"？

细细想来，我啊，心眼儿是有点儿小了。

所有的美好，同是男是女是老是少，没有太大的关系。当我们满心阳光的时候，满眼都是光明和温暖。

所有出于真和善的笑容，自然是美的。

我见过一位老奶奶的莞尔一笑。她坐在公园的长椅上，帽子不小心掉在了地上，她还没有来得及弯腰去捡，一个小伙子已经伸出手来。老奶奶接过帽子，莞尔一笑，脸上的皱纹也好似一朵花。

我见过一位孩子爸爸的莞尔一笑。那时，他的儿子摔倒了，本来

风 行 水 上
成语里的精彩生活

是趴在地上哭的，可是当这位爸爸不肯伸手而只是加油鼓劲时，这个小家伙还是决定自己爬起来。当爸爸和儿子抱在一起时，爸爸莞尔一笑。

我也见过一位卖唱的盲人莞尔一笑。一个小女孩儿把一枚硬币轻轻地放在他面前的盒子里。那位盲人注意到了那清脆的声响。他笑了。

【成语溯源】
《论语·阳货》："夫子莞尔而笑曰：'割鸡焉用牛刀！'"

【成语释义】
形容微笑的样子。

【举一反三】
近义词：莞然而笑
反义词：愁眉苦脸；泫然欲泣